CATARSE

Evan do Carmo

2 DE JUNHO DE 2017

BRASÍLIA

Editora do Carmo

Catarse

Evan do Carmo

2017

© Copyright by Evan do Carmo 2017
Programação Visual Evan do Carmo
Revisão: Autor

M475m Carmo, Evan

Catarse / Evan do Carmo. – Brasília:

Editora do Carmo, 2017.

150 p. 14x21 cm. ISBN 978-85-923110-0-1

1. Literatura brasileira - poesia. 1. Poesia brasileira. I. Título.

CDU: 821.134.3(81)-1

Sumário

"Devo morrer pela beleza,

e não pela justiça."

Não nos tornamos bons escritores, por falta de assunto sobre o que escrever. Devemos escrever sobre o que conhecemos profundamente, esta é a diferença fundamental entre o bom e o mal escritor. Todo romance e poesia devem ser uma confissão!

É do mais recôndito da alma que surgem a voz e a verdade de cada autor

SOMOS POETAS

Estamos destinados à tragédia
a vida simples e comum
dos homens não nos alimenta,
queremos mais que o absurdo
dos amores correspondidos.

Queremos a fatalidade e o imprevisto
a morte no drama do gozo proibido
somos poetas, pintores, artistas
de toda sorte, contamos sempre
com o azar em forma de destino.

Queremos a vida nas cinzas da fênix
queremos o calvário do Cristo
e a cicuta de Sócrates
queremos as asas frágeis de Ícaro..

Somos a flor murcha da beira da estrada
que o amante não conseguiu ofertar
à namorada da infância.
somos o medo vestido de Aquiles
somos a fuga e a desesperança
somos o verbo na língua de Deus
e o barro nas mãos do homem.

MINHA PRESUNÇÃO

Na poesia, e na escrita,
se acaso eu tivesse uma meta,
uma ambição insana
não seria superar Homero
nem Shakespeare
nem Cervantes
são mitos e lendas
e há sempre uma dúvida
quanto se existiram de fato.

Contudo há um espírito
um poeta maior que Dante
que não se alcança facilmente
o seu eco de loucura fascinante
nem em sonho ou em delírios
um poeta que é a soma de todos estes.

Eu se fosse poeta
ou então um louco
em meus devaneios
só almejaria uma coisa
escrever como um tal Fernando
um esquizofrênico consciente
que em meio a tanta solidão
se superou e deu vida a muita gente.

DÁ-ME POESIA

Dá-me mais ilusão, pois a ilusão existe
entre tantos sonhos e quimeras
eu quero a sombra das coisas tristes

Dá-me mais tolerância, pois a união existe,
entre o ódio e o amor,
vivem a paz e a esperança...

Dá-me mais fé, pois o mito existe
ele é tudo sendo nada, um deus
que permite sonhar e alcançar o impossível.

Dá-me mais poesia, pois a fantasia é tudo.
e o mundo é nada.

ENIGMA LÍRICO

Em seu sorriso melancólico,
vi um fatalismo tácito
seguido de um silêncio morno
incompreensível

Subitamente
revelou-se o crepúsculo de um mito,
o fim da ilusão dolorosa...

A ressaca dionisíaca do um festejo
carnal, onde quase virou apoteose
de um carnaval em Veneza...

Encenamos um ato da tragédia goethiana
a morte do sonho mascarado
que fez do mendigo de Fausto
um Rei Lear, em seu apogeu
glorioso de terna insanidade e lucidez
antes da traição lírica da musa
ao poeta da divina comédia
do amor platônico.

Todo verdadeiro poeta é cético
contudo, levam a vida a falar
de metafísica, de almas
e de coisas semelhantes
são sobremodo adoradores
da beleza e do amor

DESESPERO E DESESPERANÇA

O mundo se encontra
em desespero
não há expectativa de coisas boas
para o futuro...

Caiu um muro em Berlim
mesmo assim as divisões persistem
as guerras santas e ideológicas
o terror e o sectarismo
segam a justiça, privam os homens
dos direitos mais elementares
o homem profana a sua origem e divindade
apodrece o planeta e mata a esperança
dos filhos do presente...

Não podemos esperar o apocalipse
para recomeçar uma nova experiência
as crianças clamam por uma chance
para fazer um mundo melhor
mas a base da humanidade se desmorona
a cada gesto de covardia do homem atual
a cada crime cometido por ganância
dos pais da desesperança
que semeiam medo e desconfiança
no coração dos filhos do futuro.

O mundo se encontra
em desespero
não há expectativa de coisas boas
para o futuro...

As mulheres não dão mais a luz
não acreditam mais no amor
no amor dos seus amantes
perderam a razão e a fé
em Deus e nos homens.

FICOU NO PASSADO

Em algum lugar do passado
você ficou,
ou foi o contrário,
fiquei eu,
diante do abismo do não,
talvez ficamos ambos
invisíveis naquela foto
que não tiramos juntos
naquele abraço interrompido
pelo receio da consequência
naquela dança ensaiada
na caminhada à noite
sob à lua de setembro
nas pedras centenárias
da cidade morta
naquele beijo irreprimível

Em algum lugar do passado
preferimos o silêncio
o acaso escolheu a inércia do corpo
e o calafrio das mãos
o quase sim da alma em desespero,
preferimos a calma e o conforto
a covardia racional
fugimos do mundo de Dante
restou a prosa proustiana
sem ciúmes, sem vida,
sem morte, sem poesia.

MORAL NIETZSCHIANA.

Nietzsche, quando ensina
que o que é bom é forte
e que o que é mau é fraco,
e que o que é fraco deve morrer
para que algo melhor e forte
nasça em seu lugar
não tinha ele muito claro o que queria dizer.

Pobre Nietzsche,
tinha tanta admiração
pelo carpinteiro judeu
que ensinou a mesma coisa
com tentativas vãs,
pregou o desprezo
pelo homem comum
quando na verdade pregava
a mesma moral cristã.

ESCRAVO DA LIBERDADE

Não sou,
nem nunca serei
escravo de ideologia
nem escravo do amor
nem da alegria...
Sou livre
assim penso e vivo
tenho um coração calmo,
ativo com muitos defeitos
um coração que ama
que ri, que chora e sangra.
Escravo do riso eu seria,
se não soubesse
como tolos são os que riem à toa
contudo, no meu universo
não há espaço para distração
de natureza humana.
Há contradição no meu discurso
e confusão no curso da minha epígrafe
enquanto escrevo e penso
outra ideia surge, no subterrâneo
onde o meu inconsciente
trava luta com minha lucidez
superficial.
Sou escravo de mim mesmo
dos meus servos-heterônimos
que conscientemente me guiam
quando eu divago sobre as suas teses
e admito que na obscuridade,
na verdade, são todas minhas.

MINHA CONDIÇÃO ATUAL

Em um contexto literário,
segundo Schopenhauer,
aos 40 o homem tem o texto
e aos 60 o comentário.

Na condição humana de ensinar,
o sábio deve perceber
que há um tempo
em que o discurso perde a força
de argumentação...

Palavras perdem a validade,
então chega a hora
de ensinar com atitudes,
eu me encontro justamente
nesta fase moral da vida...
Pelas obras,
conhecereis os homens
- diz o Cristo.

MORREU A ESPERANÇA

Nossa maior invenção foi a esperança,
com ela justificamos o caos,
e acreditamos na justiça
de deuses e dos homens.

Mas a esperança está morta
seus inventores a destruíram
agora o que restou
foi a generalização
da injustiça,
todos a cometem.

Não há juízes nem réus
o crime foi implantado
como auto defesa
no planeta irracional
voltou a barbárie
todos estão livres
para executar
seus massacres
seus holocaustos.

Deus não se importa
pelo menos
o deus dos assassinos
matem as mulheres
e as crianças,
são todos ocidentais
incrédulos
ou orientais sem pátria.

Ainda há pouco lamentávamos
a morte de Deus, acreditando
que sobreviveríamos
agora enterramos
sem lágrimas
sem pudor,
... a esperança.

POR TRÁS DA PORTA

Por trás da porta
a rua segue seu curso
como um rio,
pessoas descem
a água é o vento
que as move
passos distintos,
caminhos iguais
são moléculas
sem destinos
poeiras outonais
e eu atrás da porta
sem coragem
de ir à rua
penso no futuro
mas o passado me espreita
quem dera fosse larga
a rua que me espera
mas a porta é estreita.

ODE AO AMOR

Queria não ter lido
nem estudado Vinicius de Moraes
para escrever algo original
sobre o amor e a falta dele.

Mas algo assim só seria possível
se Vinicius não tivesse lido Neruda
com tanto espanto e reverência
ou se Neruda não tivesse lido Rimbaud.

Queria cantar o amor
em sua primorosa essência
como Ricardo Reis à Lídia
como Dante à Beatriz.
Inexoravelmente nasci atrasado
atrás de todos estes
mas o amor ainda me inspira
loucura e lucidez
para compor poemas
tão simples como este.

É o amor que sempre nos guia
ao fundo do copo e ao cerne da vida
ao topo do mundo e ao fim da tragédia
é o amor que nos conduz ao abismo da perda
e ao encanto da luz da conquista
mesmo que não seja original
é o amor que dá alma ao artista.

VINHO NÉCTAR DOS HOMENS

Não foi Baco nem Dionísio
Os Deuses criadores do vinho
O vinho é o sangue de todos eles
Que jorra dos abismos da terra
Para alimentar nos homens
Um sonho de eternidade.

Noé embriagou-se com vinho puro
Produzido em seu novo mundo de ilusão
Noé não entendeu o fim de sua epopeia
Perdido e sem plateia pronunciou maldição
Sócrates, segunda consta a lenda grega
Bebeu cicuta, mas antes de ingerir
O letal veredicto da ignorância dos homens
Festejou a amarga derrota da filosofia
Com vinho doce e amigos leias.

A poesia do mundo está regada a vinho
De Platão a Baudelaire...
De Dante a Rimbaud
De Neruda a Vinicius de Moraes.
Do inferno ao paraíso
Sem vinho não há alegria
Nem prazer carnal nem santidade.

A BELEZA DO MUNDO

Lastimo-vos, ó homens estéreis
que não conheceram o amor
senhores ricos e poderosos,
donos dos céus e das estrelas
mas pobres e desafortunados
que na vida não se rederam
ao encanto da musa
nem à penúria do poeta...

Lastimo-vos, ó mares e rios
fontes e florestas, campos e jardins
todos os encantos da natureza
serão ignorados pelos amantes
toda beleza do mundo está no amor
na alma e nos olhos de quem ama.

ACHEI O AMOR

Achei o amor, o insolúvel enigma
para os deuses, mas real para os homens.

Achei o amor, em meio à contradição,
entre o medo e o abismo.

Achei o improvável, o que ninguém presumia
o teorema das águas e do fogo.

Achei o amor, a soma do equilátero
do infinito, sem medida.

Achei a consumação de tudo, do fim e do meio,
achei o etéreo-efêmero.

Achei o amor, o impossível, o imanente,
o átomo divisível, sem cor, nem corpo ou gênero.

HOJE

O dia de hoje é o que importa
como uma sala confortável
onde se pode sentar com os amigos
brindar à saúde das crianças e à lucidez
existir sem pressa que as horas passem.

O ontem foi embora como um vento breve
como uma bruma derretendo o passado
não sabemos mais do que queremos ontem.

O amanhã, cortina fechada para o presente
onde ainda resistimos ao desespero
e à curiosidade do futuro...

Escrito hoje,
porque o amanhã
ainda não sei.

O SENTIDO DE TUDO

Não é em Bach
nem na nona sinfonia
ou em Wagner
que encontro sentido,
razão ou ânimo pra viver
o sentido é uma sombra esparsa
às vezes um feixe de luz solar
que vez por outra reaparece
em dias inesperados, improváveis
quando a solidão de tudo nos perturba.
o sentido está na busca de sentido
no fim da frase feita, na mesa posta,
na cama desfeita... No nascer do dia,
no cair da tarde, no chá quente,
no abraço apertado, na boca fria,
até num adeus planejado.

O sentido de tudo é quase um nada
é um pedido de desculpa,
um muito obrigado...
o sentido não está só no copo
nem só no vinho com amigos,
nem na água fresca que banha
dois corpos apaixonados.

Na viagem dos sonhos
pode haver algum sentido
mas nem toda partida é saudade
nem toda volta é regozijo
nem toda morte um desespero
nem toda vida é um paraíso.

Disse um filósofo, exausto com o *Eterno Retorno* da estupidez humana, que se o universo tivesse algum objetivo já teria cumprido...

A vida tem apenas um objetivo factível: se perpetuar, isto está implícito no instinto animal e no DNA humano. O que mais for dito fora isto pode ser considerado como alucinações metafísicas...

TEU BRILHO

Reconhecerás facilmente
uma alma feliz
pelo brilho do olhar
raramente a encontro
fora do espelho,
exceto quando olho
no fundo dos teus olhos.

Esta alma sou eu,
reflexo do teu brilho
em mim

DONO DO VERBO

O poeta olha a palavra sobre o papel
com admiração e espanto
sabe que ela não lhe pertence
contudo, dela se apropria.

O seu desejo é resumir a vida
sua efêmera existência num poema
tendo em mente que o pó lhe espera
faz da escrita sua eterna quimera

Ao fim do poema, exausto e deprimido
sente que a ilusão persiste
e que a angústia de ser dono do verbo
lhe consome, então ri como um lunático
para iludir seu mundo triste..

A NOITE É ASSIM

A noite é assim,
quase o fim de tudo
onde fico mudo
esperando o dia.

A noite é assim
sonho e fantasia
breve recomeço
sombra e poesia.

A noite é assim
uma prece à vida,
que não seja em vão
a nossa partida.

A noite é assim
às vezes esperança
coisa de criança
crer no amanhecer.

A noite é assim
descontentamento
quase sofrimento
de tanto sonhar.

A noite é assim
onde tudo brilha
nuvens de algodão
onde vou deitar.

INVOLUÇÃO HUMANA

Creio na involução do homem,
de um deus a um verme,
e não na evolução progressiva
do macaco ao homem,
do instinto à razão
o macaco é muito bom
para dar origem ao homem atual.

No início era a semelhança de Deus,
depois, anjos caídos,
para habitar corpos de nefilins
coabitaram com mulheres mortais
geraram filhos híbridos,
filhos que espalharam a violência
e a miséria humana sobre a terra.

Regredindo ainda estamos, da luz eterna
para a escuridão perpétua.
logo seremos verme, e depois pó,
ao fim da involução
para o cerne do nada,
da inutilidade...

DECADÊNCIA

A liberdade presa
a tudo deprimida
por simples descuido
vi passar a vida.

Então calei
ante este absurdo
fim de toda pressa
esqueci o mundo

Tudo é paciência
que ignora a sorte
morte e providência
sendo tudo em vão
ouro e sapiência.

Voam as moscas tontas
sobre o cheiro fétido
da morte presente
deste corpo tépido.

ENTRE A MESA E A CAMA

Entre a mesa e a cama
um espaço a ser percorrido
com a imaginação do corpo
com a cumplicidade dos olhos
com as mãos e os dentes do vinho.

A boca saliva, degustando o amor
em goles de suspiros e de saudade
entre a mesa e a cama há um limbo
que purifica as almas encarnadas
onde os amantes recuperam a santidade,

Entre a mesa e a cama, o prazer
o brilho do mundo e o encantamento
entre a mesa e a cama, o sonho
a conquista, o delírio de estar vivo

SILÊNCIO CRIATIVO

Quando enfim eu me calar
diante de tuas interrogações
olhares e atitudes ansiosas,
ó meu irmão,
primo do cravo
amante da rosa
de alma tão grande
e minuciosa,
é porque tudo já foi dito
com o meu silêncio agudo
com o meu viver
severamente carrancudo
ao ignorar o mundo
em verso e prosa...

O QUE PROCURAMOS QUANDO ESCREVEMOS?

Ser lido, mas não ser lido por qualquer pessoa, desejamos alcançar mentes que nos assemelham, no verbo e no espírito, que compreendam o que escrevemos.

Portanto elogios simples nunca devem ser o parâmetro ideal para nos contentar. Contudo, se os elogios vierem de alguém que sabe o que diz, e que assim como nós, sabe escrever mais de um verbo em ações e tempos distintos, e sabe usar mais de meia dúzia de adjetivos, para se expressar, assim, talvez assim, nos sintamos realizados pela alegria inarrável de termos sido achados por alguém no meio da multidão de pessoas comuns....

O bom crítico deve ser alguém com a mesma capacidade de criar aquilo que critica

SOBRE A VERDADE

A verdade não é relativa,
não a minha nem a tua,
a verdade de cada um
é inexorável como o sol,
todos a verão...

Mesmo que a ignorem,
saberão da sua existência,
cruzarão com ela
face a face...

Minha verdade
assim como a de Pilatos
não é relativa
ela não é discurso de Cícero
nem retórica de Homero
ou banquete de Platão.

A verdade é transparente
e purificadora, na tragédia
e na comédia ela revela
a alma do seu agente
expõe o abismo das palavras
a verdade não é divina
a verdade é humana
é a soma dos nossos desejos
ações e realizações.

TUDO FLUI EM MEDO E ABISMO

Lento é o suplício da esperança
lenta é a dor e a amargura
lento é o pesadelo do pobre
que deseja a cama larga
e a mesa da fartura.

Rápido é o êxtase do vencedor
rápida é a posse da conquista
e o vislumbre do sonhador,
da alma que almeja o paraíso,
rápida é a nota perfeita do tenor
na ópera trágica do sorriso.

Lento é o sofrimento do menino
que almeja a liberdade do homem
lento é o frio, lenta é a miséria e a fome
lenta é a noite em abandono
lenta é a sorte e a intriga
rápida é a morte... lenta é a vida.

Tudo flui em medo e abismo

VIVER E NÃO EXISTIR

Diz Albert Camus, que o homem é o único ser que não aceita o que é. O espírito humano necessita de novidades diárias; e assim quando não as tem, as inventa...

Não viver satisfeito faz parte da natureza do homem, mas a natureza não é assim, sobretudo com os irracionais, não ocorre a mesma insatisfação. Os animais, que não possuem consciência nem sofrem com as ansiedades do amanhã, se contentam com seu vai e vem incansável de dias e noites sempre iguais.

Contudo, se observa entre homens comuns, não raro a mesma motivação ou costume. Vejo homens que vivem enjaulados, numa rotina obstinada ao fim caótico sem lamentar sua injusta sina. Penso que entre homens que possuem o mesmo espírito, o da conformação, estes não são capazes de mudar seu Status quo, sua simples existência se resume em existir e não em viver.

A SOMBRA DO MEDO

O medo de sair de casa me assombra,
se pelo menos soubesse que te encontraria,
numa esquina qualquer da vida.
Mas, na cidade onde moro não há esquinas
as ruas são infinitamente movimentadas
pessoas não param, não se cumprimentam
por isso tenho medo de sair de casa,
contudo, a solidão com quem habito
em quatro paredes,
já começa a me espreitar,
como um monstro
se aproxima de mim,
receio que em breve me devorará.

DE ANGRA A PARATI!

Sonhos e alucinações me são frequentes
ao me lembrar do que nunca houve entre nós,
como um aceno teu, um sorriso complacente
de ti para mim, nem mesmo em pensamentos
me foram reveladas as tuas intenções
as imagens são curvas, sombras, calafrios
às vezes pesadelos.

Do teu corpo sinuoso nunca senti sequer o perfume
no máximo uma dança de corpo presente
e de alma distante... um aperto de mão,
um breve adeus, um até breve,
quem sabe um telefonema.

Assim me encontro, impávido,
com um incerto destino desafortunado
sempre na expectativa enfadonha
de um dia voltar a te encontrar
como quem anda por estradas perigosas,
curvas, florestas e praias desertas
de Angra a Parati!

POIS SOU HUMANO

Não me fale de angústias
nem de medos, pois sou humano
não me fale de equívocos
e desenganos, pois sou humano
não me fale de dores, de cabeça
ou de consciência, de insônias
ou de sonhos abortados,
pois sou humano.

Não me fale de desejos secretos
ou de esperanças vãs, pois, como tu,
nasci chorando, assustado
com a face tenebrosa da incerteza
não me fale da miséria cultural
que nós herdamos, pois
dela me alimento todos os dias
e repito os enganos dos meus pais.

Não me fale do futuro que me espreita,
como uma hiena pronta a estrangular
os sonhos das crianças, pois já fui criança,
não me fale da estupidez dos homens
que mesmo amando às vezes matam
ou da meiguice virtuosa das mulheres
que por amor fingem tanto e nos maltratam
não me fale da poesia da aurora
pois sou humano, quando devia ser poeta.

Não me fale dos enigmas
que não queremos decifrar,
do medo da guerra que esquecemos,
se à noite é o dinheiro que nos impede de sonhar.

Não, não me fale destas coisas sem importância,
pois na vida, cedo ou tarde tudo perde a importância,
a convivência com a humanidade me fez indiferente,
insensível às dores do meu semelhante, todavia,
não me julgue, não me queira mal,
pois afinal, como tu, eu sou humano.

DIZ A FILOSOFIA

Quem diz saber de tudo.
Diz a filosofia
por pura ironia e modéstia
" ninguém sabe tudo."
Diz a poesia, " Quem precisa
saber de um tudo que é um nada?"
Embriagado com a sua
Ante metafísica Nietzsche diz:

" Quantas verdades suporta a tua alma? "

Há momentos em que a presunção de poetas, de filósofo e de homens
de várias formações e ofícios, diz saber de tudo, momento este em que
o ser se contenta com o que possui. Pois tem a alma e o ventre cheio
de ilusão.

O POETA E O LABIRINTO

Então o verbo se fez carne
e a carne se fez homem
e o homem se fez poeta
e o poeta se fez Deus
e Deus se fez musa
e a musa era mulher
e se chamou Ariadne
Ariadne foi morar no labirinto
para onde conduziu o poeta
de olhos vendados
e o poeta habitou sozinho
entre anjos e demônios
com a palavra eternidade

O QUE VI EM TUA BOCA

Não é possível assim beleza tanta
em teu riso esplêndido e mortal
numa boca proibida que espanta
a libélula que do mel colheu o sal.

Vestes o manto da divina harmonia
simetria ideal tão colossal
se possível ao poeta quem diria
descrever a tua boca sem igual.

Suplantei ao desejo vil insano
de querer-te nesta noite longa e fria
de abraçar o teu corpo nu, profano
e acordar abraçando a fantasia

AOS VERDADEIROS POETAS.

Existe uma porta estreita
por onde entra o encantamento
porta que por um descuido ficou aberta
em hora improvável, não foi proposital
que o dono da casa permitiu tal vacilação
a alma estava satisfeita, não reclamava
por atenção nem por sossego.

O encanto é um espírito magnético
que não pode fugir das algemas da beleza
um espírito que habita nos amantes da arte
e da poesia do mundo, são presas fáceis
que trocam suas vidas por um instante
de encantamento e paixão.

VOLTEI À POESIA

Longe dela não há esperança
nem alívio, nem descanso
nem mar, nem praia, nem remanso
falemos pois de fantasia
de futuro, de passado ou de estrelas
já que o mundo perdeu objetivo
palavras não atingem compromisso
a boca que ama é a mesma que escarra
no rosto da inocência, com o mesmo afã
de confessar uma paixão, uma crença,
se confessa ódio e ausência.

Voltei à poesia

Enquanto o caos se expande
e o amante esquece o beijo
enquanto um corpo cai do décimo andar
e as guerras alimentam o comércio da paz
calemos diante do absurdo, fique mudo
que importa dos homens justos seus ais
ou das mulheres estéreis o abandono
são todos labirintos esquecidos
sem pão, sem cordão, sem migalhas
sem Ariadne...

Voltei à poesia

Sigamos os rastros do cometa
não haverá espaço nem palavras
que contestem a ilusão estética de Apolo
nenhuma ninfa subirá do lago de Narciso
para chorar a morte do poeta!

50

Voltei à poesia

A única razão justa de negar
ser mais um estúpido
amante da prata insaciável
e assassina da beleza!!!

O CAIS

No mundo onde habito
tem um cais, um mar
e um infinito azul
uma montanha
e o desespero da saudade
um querer que nunca se cansa,
que nunca alcança
o medo é este cais.

Sob ventos gelados e temporais,
entre o presente e o passado
jamais esquecido
há uma ilha de pedra e de sal
uma lágrima contida
uma voz rouca no deserto
a gritar o nome de alguém
a bendizer a distância
a condenar o impossível.

AS COISAS E OS HOMENS

As coisas são o que são
não precisamos ser poeta
ou filósofo para entender.

O mundo gira em torno do nada
as pessoas se agridem
em busca de tudo
de um espaço imaginário
que não raro entendem
como direito à liberdade
ao prazer, à felicidade.

Há tanta fuga e desengano
que às vezes se confunde
o caminho torto da discórdia
com a estrada reta e calma
do abandono... do querer ser
o que não se aguenta, ou de ter
o que não se consegue carregar.

As coisas são o que são
não precisamos ser poeta
ou filósofo para entender.

As estrelas mortas ainda nos encantam
como os amores vividos nos alimentam
e nos consolam nas ausências
as coisas são como os homens
fantasmas perdidos no tempo
e na memória do que queremos.

QUER SER POETA?

Homens ocos, de Eliot
a Tabacaria de Pessoa,
A temporada
no inferno, de Rimbaud
As flores do mal de Baudelaire
As cinzas das horas de Bandeira
Tente não naufragar nessas águas,
caso sobreviva se tornará poeta.

VOCÁBULOS MUDOS

Palavras soltas no ar
ideias geminando
no estrume do nada
no silêncio dos gestos
em frases abertas

Âncoras presas na lama
dos desejos contidos
finais felizes
de diálogos mudos
romances
que não começaram

Hiatos cósmicos
de amores gris
lampejos, faróis
de navios encalhados
em rochedos invisíveis.

A CARNE E SANGUE

Cravemos os dentes
na carne um do outro
em busca do sangue
de um amor já morto.

A fatalidade do acaso
fez do instinto o desejo
e a sobrevivência do querer,
sangrar para existir.

Cravemos os dentes
na boca um do outro
em busca da saliva
de um beijo roto.

OLHOS DE MAR

Negros azulados
cor do céu
no abismo da noite
os olhos são teus
encantos meus.

Na aurora da vida
vislumbrei o paraíso
poeta e musa
Dante e Beatriz.

Olhos de ressaca
que me tiram as forças
e o espírito, fogem juntos,
sangue e vida se evanescem.

Minha frágil alma sinto perdida
em teus olhos negros, meigos,
tão doces, inocentes e malignos.

A PORTA ABERTA

A porta se abriu, de repente
tudo se revelou, o mundo se expôs
aos olhos do homem,
que se encontrava preso.
Quebraram-se os grilhões
as amarravas, removeram
a venda dos seus olhos.

Mas o homem não tinha pernas
nem braços para abraçar o mundo
foi lhe dito que poderia ir, estava livre,
enfim cumprira sua pena.

Mas o homem continuou mudo
não disse palavra.
Por dias e noites ficou espantado
com o tamanho do mundo
e com a liberdade da porta aberta em sua frente.

Até que seu carcereiro lhe disse:
Vaz embora ou ficarás aí até morreres de fome e de sede?

O homem tentou responder, mas não teve fôlego nem voz.
Então, com olhar triste de profundo desânimo
olhou para suas amarras, vendas e grilhões
e, apontando-os, fez um sinal de que preferia a prisão
pois havia perdido o interesse pela liberdade.

ENTRE O BELO E O ABSURDO

Entre o belo e o absurdo
mora o silêncio, orquídeas
margaridas e hortênsias
de um jardim esquecido.

Entre o belo e o absurdo
há dois caminhos, duas escolhas
um homem e uma mulher
uma porta aberta e um criado mudo.

Entre o belo e o absurdo
há um arco-íris e um temporal
um desejo ardente, agridoce
uma fome santa, de mel e de sal.

Entre o belo e o absurdo
há música de Wagner
delicadeza de Chaplin
e toda poesia do mundo.

Entre o belo e o absurdo
há cinzas de uma história
perdida, lágrima de sangue derramada
e uma taça de vinho a ser bebida.

SEM AMOR NADA SOMOS

Queremos incendiar o mundo
quando nos falta o amor.

Nero fazia poesia, era culto e instruído
um espírito sedento de atenção
paternal e amor romântico.

Nero tocava lira
e componha canções de amor
mas pôs fogo em Roma
e matou milhares de cristãos.

Teve poder e fama,
mas não conquistou
nem conheceu o amor.

VIVER É AMAR

Viver não é nada extraordinário,
se não fizermos algo relevante
algo extraordinariamente belo
e necessário, enquanto vivos.

Viver não significa nada
se não experimentarmos
o êxtase e o encanto
de um verdadeiro amor.

DELÍRIO DA RAZÃO....

Quem salvará o homem do abismo
do silêncio que há entre o tudo e o nada?

A arte, a fé, ou o absurdo do não crer?

O que nos resta é a beleza
com o seu encantamento desmedido
a poesia irreprimível
do riso gratuito das crianças.

Se tudo isto nos faltar
apelemos para o amor
e para amizade...

Mas não esqueçamos
que sem o delírio da razão
não poderá existir
... eternidade.

SER HUMANO

Você que ri sem motivo
você que chora sem dor
você que sabe o segredo
das asas do beija-flor

você que nunca desiste
você que tem esperança
você que não fica triste
você que é feito criança

você que busca um destino
você que sedo madruga
você que não sofre a ruga
você que é feito menino.

você que nunca tem medo
você que não desatina
você que canta e afina
as cordas do coração

você que anda sem pressa
você que perdoa a mágoa
você que enxuga a lágrima
você que planta uma flor

você que é brisa e calma
você que é um mar sereno
você que é corpo e alma
você, antídoto e veneno!

UM OLHAR NO PASSADO

Todos os dias, às seis da tarde, ele se sentava na mesma cadeira, na mesma calçada, esperando por alguém que um dia viu passar, na mesma calçada, da mesma cidade, daquele imenso mar.

Era um bar à beira-mar, onde passava muita gente, mas este solitário observador nunca conseguiu realizar seu antigo sonho, o sonho de ver passar, na mesma calçada aquela figura que um dia lhe roubou a paz e a alma.

Agora, depois que o mar avançou e cobriu a calçada, o homem continua a olhar, do mesmo ponto, o mesmo mar, da mesma cidade, onde não existe mais calçada nem transeuntes, apenas existe o mar e uma dor que não serena...

MORRER PELA BELEZA

Silêncio, escute a beleza da vida
em tua volta.
Milhares de borboletas coloridas
e um jardim imenso,
uma orquestra executa
a nona sinfonia de Deus,
entre flores de todas as matizes.
Não vês?
Não escutas?
Então estás morto.
Deve-se morrer pela beleza,
contudo só vê beleza externa
quem a possui na alma

POR QUE ELA FUMA

Enquanto o mundo se esvai em guerras e sangue
Ela fuma... E o coração da floresta exangue
Mulheres encarceradas têm suas línguas cortadas
Enquanto os rios morrem e a chuva cessa.... Ela fuma....
Enquanto a juventude passa como uma brisa, ela fuma.... No
horizonte, nenhuma esperança se vislumbra... A magia de viver
não a encanta... Olhos vendados... Morte, vida em crescimento.

Enquanto tudo não faz sentido ela fuma....
Um cigarro que não falta, não mata, não delata... Leme de uma
nau pelo deserto...

Está sempre à mão.

Amizade, amor, sinceridade, tudo vão... Enquanto o
mundo dorme e os homens se embriagam...

Enquanto seu ônibus não chega...
Enquanto crianças morrem de frio e de fome sobre cinzas
étnicas.... Ela fuma... E aviões caem no
mar, mísseis apontam para a estupidez humana.
Enquanto isso, ela fuma... até poeta abstêmio se
rende ao vício. Por que ela fuma.

AMOR-RELIGIÃO

O amor genuíno pelo semelhante não tem a pretensão de mudar o mundo, mas pode torná-lo menos absurdo. Existe uma teoria crística, que não me é novidade, a de que o homem seja de fato a semelhança de Deus.

Portanto, por esta razão se espera que tenhamos respeito uns pelos outros. Contudo, está implícita aqui toda forma de religião ora praticada pelo mundo afora, ou a que devia ser praticada no mundo. Esta deve se demostrar em ações concretas um amor intenso por nosso semelhante, uma vez que, amando o homem estaríamos de forma ideal amando a Deus.

Por isso, todo mal que se pratica contra outrem revela-nos o quanto somos hipócritas ao afirmar, com palavras bem elaboradas e gestos indecifráveis que amamos a Deus.

A JANELA

A janela, à porta dos olhos Um homem
atento ao vento.

A chuva não chega ao seu telhado. Longe, uma
montanha, depois o mar, Uma imensidão, a
eternidade.
Perto, como um espinho na carne:

A saudade.

ESCOLHA

Tens o direito a muitas escolhas,
menos a desistir.

A semente lançada segue seu curso,
é natural germinar e frutificar...
multiplicação.

O rio segue a ordem gravitacional,
impávido vai ao seu destino fatal,
em busca do sal, superação...

O mar nem sempre é sua causa morte,
com sorte evapora, purifica-se
e volta ser fonte cristalina...
rio outra vez.

ARIADNE

Perdoa musa! Mais uma vez cometi

O pecado da presunção... Achei que podia chegar perto da divindade e continuar vivendo.

Punas-me, castigues-me com um suplício mais severo que o abandono... Usurpei o teu direito ao anonimato... A tua liberdade... Desejei um fruto proibido... Minha poesia perdeu o direito à eternidade... Morre o poeta, por descobrir o rosto de um deus, a face da musa.

COMO ARISTÓTELES

Não sou místico nem metafísico,
sou de barro,

holístico como
Aristóteles,

como o passarinho
de Manoel de Barros

Acredito que com o feitiço
das palavras se cria
anjos e demônios
bênção e maldição.

ACORDEI

Um cão latiu ao pé de minha porta
Um estalo de luz em meu desvão
Era eu a consciência morta
A angústia saiu na contramão.

Brilha o sol. A enseada acorda
Canta a vida em ritmo de canção
Tenho calma n'alma, penso ativo
Estou vivo, que bela ilusão.

O MISTÉRIO DA VIDA

Para quem duvida do eterno mistério da vida
e do sumo encantamento da morte,
os sentidos naturais nos convidam
à uma reflexão filosófica:

A música de Bach, o prodígio divino de Beethoven
as óperas Wagnerianas, o virtuosismo de Chopin
para mim seria suficiente, mesmo que
me faltassem todos os outros sentidos.

Se eu não pudessem ler os poemas de Camões
nem as odes de Horácio e de Cícero
ou ainda as "Odisseias" de Homero,
e os poemas de Pessoa. Mesmo assim
estaria convencido da existência
de um espirito eterno e sábio
que sopra aos humanos tanta
beleza e espanto... e divindade.
Olhe que não citei Verdi

A POESIA AGONIZA

Enquanto poetas sangram as vísceras
a desenvolver cânceres ou úlceras hemorrágicas,
em busca de sentido e de palavras relevantes,
para encontrar o tom ideal pra sua lira,
com intuito nobre de explicar
as injustiças e a estupidez dos homens,
os motivos das guerras santas e carnais.
Tentando expressar da maneira mais justa
a sua agonia, a de viver entre os mortais
tendo ainda que escutar de alguns tolos,
verborragia inútil, sinônimos de dicionários
que com frases desconexas insistem em recitar Homero
dizendo para o mundo ser Bocage...
A poesia agoniza nesta fogueira santa
de eternas vaidades!

ANTES ERA NO AREÓPAGO

Antes era no Areópago, onde os homens vendiam suas ideias, faziam seus discursos e julgamentos, ensinavam uns aos outros a ciência suprema do pensamento e aplicavam a justiça sem parcialidade.

Hoje vendem suas ideias, fazem seus discursos em uma grande feira, numa Torre de Babel, " a Internet" onde ninguém respeita nem compreende o que os outros falam. São vendedores de utopias, e o que intencionam ensinar não praticam.

UM RASCUNHO

Sigo rascunhando um sonho

num ambiente frio, onde habita

a tua falta e o teu olhar distante

a loucura é amiga constante do poeta...

toda atitude é poesia...

ela é a própria musa

e o poeta vaga, divaga em textos

de filosofia, para explicar

o que sente

ou o que não sente pela vida. a vida é um
piso em falso

"a inteligência é o cadafalso"

a prova da culpa,

o delírio, a contenda

PRISÃO PSICOLÓGICA.!

"Qual será o preço da tua liberdade?... Não queira saber, é muito caro
para as tuas posses".

O que pode ser concebido como liberdade para um homem pode variar
de muitas maneiras. Há uma maioria entre eles que não percebe a
diferença entre prisão e liberdade.

Contudo alguém deve dizer, ao ler este texto, que a liberdade é o
direito físico de poder ir e vir sem que seja interrompida a caminhada.
O fato é que só existe prisão mental, qualquer outra forma de prisão
pode ser rompida por qualquer estúpido, carcereiro ou juiz. Já a prisão
real, esta de que falo é muito mais difícil de romper com os seus
grilhões.

Eu não tenho a pretensão de ensinar a ninguém como se faz, mas
acredito que foi pelas minhas próprias mãos, ou melhor, com meus
próprios olhos que me livrei das amarras da ignorância herdada,
especialmente das superstições religiosas, que representa, a meu ver, a
prisão mais nociva e perpétua.

Uma frase genial de Espinosa deve indicar a chave àqueles que
despertarem algum interesse por esta minha visão realista do que pode
ser chamada de verdadeira prisão, a psicológica.!
"O Medo gera as Superstições.."

SOBRE O UNIVERSO

Do pressuposto lógico
de que tudo que existe foi criado,
penso que não há grande enigma
para o surgimento do universo.

Alguma força nuclear movimentou
as substâncias do caos,
que por sua vez se locomoveram em espiral,
daí surgiu o átomo e o mundo físico
átomos se dividiram e formaram
o primeiro verbo. Criar.
Contudo, faltava a criatura que deu impulso ao vento:
"Deus" criação magnífica que nos explica quase tudo.

CONSTRUAM O MUNDO COM PALAVRAS

Importante se fazer casa
pois nela mora o homem físico
serve de abrigo contra o sol e a chuva,
e de aconchego para as crianças.

Mas quanto se a fazer livros
neles moram o espírito da humanidade
os segredos dos homens do futuro
e dos deuses do passado
a esperança de se fazer,
no futuro um mundo melhor.

Casas podem ser derrubadas
as ideias nunca, uma vez soltas no ar
não voltam mais às suas origens
criam raízes, dão frutos.

Casas mudam um cenário rural e agreste
mudam uma cidade e até um país, mudam aldeias.

Livros mudam o mundo, mudam os homens
fortalece o espírito abatido, libertam as almas.

O TEMPO LEVA TUDO

As coisas efêmeras, como a paixão humana e a dor de consciência, costumam mudar rapidamente suas intensidades. Isto se dá de acordo com os pontos de vista de quem as sofrem. Até as coisas materiais, como rios, mares e montanhas, podem ser despercebidas quando um viajante cansado se enfada de admirar a paisagem.

Neste caso, a culpa é sempre do viajante que não consegue travar um diálogo perene. Segundo Rochefoucauld, assim se dá com os sentimentos, como o amor e amizade.

Os homens andam muito cansados para carregar para sempre o peso de uma amizade; e um grande amor pode emagrecer e até desaparecer se for apenas alimentado com mares, rios e montanhas de saudade.

PRISIONEIROS DA ESPERANÇA

Sou, como todo homem,
prisioneiro, prisioneiro
de uma esperança
de uma ilusão persistente
de um querer permanente
de um sonhar consciente
de que no amanhã
logo ali, depois que a noite se for
.... virá a liberdade
Quem acredita em liberdade?
quem se abraça com esperança?
são sempre os mesmos
os desesperados
os prisioneiros
os injustiçados
os cegos
os mudos
os surdos
os aleijados
...as mulheres,
as crianças
e os poetas.

UM PENSAMENTO LÚDICO

Um pensamento partiu
saiu agora do cerne da minha alma
que alucinada não te esquece
que ele te encontre ainda acordada
que te afague a face perfumada
e ao tocar-te, uma música se materialize
para tua noite solitária alegrar
que o espírito da poesia dance
carregue-te por todos os mares
mas não te traga para mim
pois quero morrer a sonhar
com o paraíso.

MINHA POESIA

A poesia que faço hoje,
agora, não tem dia
nem memória.
é semente do futuro
são flores do presente
e espinhos do passado.
são lágrimas incontidas
e rastros apagados
caminhos percorridos
destinos desviados.
a poesia que ora faço
me impõe uma rotina diária
uma obrigação noturna
um regozijo, um enfado.
a poesia que faço hoje,
agora, não tem dia
nem memória
não me concede honra
nem desonra
nenhum lucro
nenhum prejuízo
apenas lucidez
... fôlego e vida.

QUE META, A FÍSICA

Insígnias do mal resplandecente

com mensagem-morte, diz amem

reverbera um eco desistente

por entranhas e abismos do além

numa nuvem de éter inextinguível

o espírito vagueia debilmente

de viver aversão, lógica falível
com afã de gozar inconsciente.

sendo fato concreto, abstrato

guerra humana, infâmia, real toda pedra
lançada para o alto

cairá na cabeça de um mortal.

atraída ao cadafalso vai pendente

que invés de viver mata sem luta
formiguinha faminta não pressente
que vital para o mal é não ter culpa

carregando a sina da comédia

avante, segue.

o medo já passou.

perseguido pela lógica da tragédia

ao *fantasma* da desgraça se entregou.

Corre poeta, faz outro poema ou então terás mil anos de maldição.... De improdutividade.

SILÊNCIO

Quero o silêncio
onde se cria o impossível
quero o silêncio onde habita o medo.

Quero o silêncio, onde tudo é calma
onde tudo é alma, sem metafísica
sem Deus e sem culpa.

Quero o silêncio
onde o vinho é doce
e o sangue esfria
e o trabalho é livre
sem suor nem lágrimas.

Quero silêncio
pois estou cansado
de ouvir mentiras
de um oráculo errado.

Quero o silêncio
do desassossego
do amor perdido
do perdão negado.

LÍNGUA DE FOGO

Era tarde, muito tarde

era noite, noite sombria
e o vento do sul açoitava o túmulo,
onde dormia a vaidade dos poetas
quando a tua língua quente
tocou a minha orelha
teu hálito divino fez reviver
a minha vaidade congelada
então a língua de gelo
se fez de fogo e a poesia renasceu,
do mármore não das cinzas.

"Meu verbo é cortante, mas a minha língua é doce"

NÃO HÁ CÉU PARA QUEM AMA

Não há céu para quem ama
não deveria existir céu
nem paraíso terrestre
para quem na vida
encontrou um grande amor.

Deixemos as benesses
e as bem aventuranças
tudo que for de utopia
para quem não teve a sorte
de viver um amor na carne.

A boca quente
e a língua doce
de uma amante pródiga
o abraço amigo
a mão suave e delicada
o sexo ardente e constante
da mulher casada
ou da namorada ausente
nada disto se compara
com a ilusão e com o delírio
de viver para sempre
nos braços de Deus.

Não! Deixem os amantes
sem esperança metafisica
que seu amor reciproco
seja para eles todo seu
quinhão no mundo físico.

DELÍRIO TARDIO

Ela andava distraída, descia e subia as calçadas, quem lhe via não podia supor que ela era triste, seus passos eram passos de liberdade, não de medo, seu andar descontraído escondia algum segredo.
Era moça, quase criança, alguém que esquecera da vida que não nutria nenhuma esperança. Era jovem, era bela, o seu andar revelava sua história, tão incomum, tão singela.

Estava eu a observar o seu caminhar infantil, era quase noite, era tarde fria, ela continuava a andar, eu a seguia, de olhar atento. Seus cabelos negros vez por outra conversava com o vento, eu não podia escutar aquele sublime diálogo, até que o sol se pôs, e eu a perdi definitivamente.

Acho que ela se encantou nas nuvens ou fora arrebatada ao olimpo, já que ao céu não poderia, era um anjo, ou uma deusa daquelas de mármore, uma mistura de inocência com lascívia, um equilíbrio desconcertante a caminhar.

SAUDADE

Há um abismo
insondável
onde buscamos
a poesia...
para alguns
poetas ele tem nome
simples, como morte
desespero, angústia
e solidão...
mas para mim
ele sempre se revela
em hora improvável
seu nome é sempre
único, inconstante
invariável...
saudade...

Do que não tive
do que não fiz,
do que não fui
não de amores
não de desejos
insaciáveis
não de corpos
não de bocas
nem de beijos...
apenas saudade
inconstante
invariável..

... o que é saudade?
saudade em mim é poesia
é dor que não varia
nem se explica
nem se acalma
é luz é treva
é minha própria alma
em desespero
em transe metafísico.

MUSA

Eu que pensei:
" hoje não é dia de poesia"
bastou lembrar de ti
musa de Apolo
amarga inspiração
medula óssea
costela mitológica de Deus
mulher inconformada
por ser feita de carne
e não de barro
como é feita
a poesia de Adão.

QUAL A IMPORTÂNCIA DA POESIA?

Poderia fazer mil poemas em um dia
como Fernando Pessoa
que escreveu 40 em poucas horas,
em pé, em transe, e depois
disse que não sabia como fez.

Não! Afinal o que são mil poemas
dentro deste vácuo de eternidade?
Fazemos poemas assim como as crianças
fazem bolas de sabão, são instante de distração
bolhas de ilusão passageiras...

Poesias não são necessárias como são as casas
o pão e vinho, como água ao sedento viajante
Poesia é de suma importância
no mundo em que vivem os poetas
num mundo de fantasia, onde reina a paz
e a esperança, um mundo de ilusão
aos olhos do mundo...

SE FOSSE A POESIA

Se a minha poesia fosse simbolista,
faria versos abstratos com substrato
de cimento e de concreto...

Nestes versos cantaria a canção da despedida,
chegaria enfim o cansaço dos cafés,
das livrarias, das pessoas
das relações mornas, das amizades frias...

Mas na poesia que faço
não há concreto nem cimento,
é tudo sentimento, confissão e fuga.

O CIÚME

Nada é mais tolo do que o ciúme,
o ciúme das moças e das mulheres
o ciúme dos homens covardes e violentos
o ciúme dos pais e das mães operosas
nada é mais estúpido do que o ciúme
o ciúme não garante a lealdade do amante
nem a fidelidade conjugal da esposa e do marido
o ciúme é um delírio de posse, uma loucura inconsciente
de quem deseja ter o que já possui e não valoriza
o ciúme é uma serpe perigosa e estúpida, que morde seu próprio
calcanhar, como alguém que por insensatez envenena
a sua própria fonte de água pura

O FIM DO MITO

Em vão tentamos construir
com o verbo aflito,
um deus, um mito
a paz sem conflito.

No silêncio do espírito
se esconde uma verdade
aquilo que o intelecto apaga
não se escreve mais.

Assim se vai a calma
quando vem na alma
os temporais...

Se dissolve o mundo
e fé no homem
tudo vira sombra
que se desmorona
com a luz do entendimento.

NEM SÓ DE PÃO VIVE O HOMEM

O trabalho é, para alguns espíritos, uma fuga da mente medíocre incapaz de criar belezas através da arte.
"O fato é que vocês não se suportam. Seu trabalho é fuga, um desejo de se esquecerem de vocês mesmos. Mas vocês não têm conteúdo... nem mesmo para a preguiça".

Impossível não concordar com Nietzsche sobre este tema. Por exemplo, quem em seu desespero de conquistar o mundo, no afã de ganhar muito dinheiro produziu algo de belo, a ponto de se tornar eterno entre os mortais burocratas capitalistas?

Que estadista ou megaempresário teria tido o tempo, o dom e a paciência para escrever um Dom Quixote, ou quem sabe para elaborar a república de Platão? Quem pode imaginar, quem em sã consciência conceberia um Homero preocupado com o preço da gasolina ou mesmo do carvão, ou com o preço do barril de petróleo e seus derivados?
Nem só de pão vive a arte, embora não coma o pão da preguiça e nem beba o vinho da vaidade presunçosa, a arte é o vinho e o pão que nos alimenta, de beleza e esperança, é quem ascende o fogo do desejo de viver nas almas dos homens, é ela quem encanta as musas e dissemina a semente da fé no futuro da humanidade, sem a arte morreríamos de tédio: Salve Goethe.

Os artistas, embora loucos, são eles os guardiões da lucidez humana.

ONDE ANDA A POESIA?

A poesia está nos becos
nas esquinas das ruas
nos guetos, na pele negra
da criança morta, no batom
vermelho da amante nua

A poesia está na insônia
do mundo, está no rio
no lamento anônimo
de um cão perdido
no cigarro aceso de um
vagabundo.

A poesia está lá fora
a bater na porta da amargura
à espera de boas-vindas
está no rosto de quem pede
pão e abrigo, está no vinho
está no trigo.

A poesia está em ti
quando rires e quando choras
está na partida suicida do outono
está no desconforto de quem vive
e na paz hipócrita de quem morre.

LÍNGUA DE FOGO

Com uma língua de fogo,
consumiste a minh'alma fria,
congelada que agora corre
para o infinito abismo onde jaz
a mais alta esperança de um mortal.

Antes era só o grande mar
do descontente sempre escuro,
mas esperançoso, delinquente
prisioneiro do mais aprazível ócio
eis que agora é sombra intermitente.

ME CHAMO JOSÉ

Me chamo José
José daqui, José de lá
José de qualquer canto
José de qualquer mar
José de minas
José de Drummond
José da Bahia
José do Ceará.
Me chamo José
Por não ser doutor
Sou apenas José
José lavrador.
Mesmo sendo José
Arranjei um amor
Que se chama Maria
Maria fulor.
Meu pai é José
Assim como eu sou
José de Arimateia
Carregou o senhor.
Me disse que é santo
Todo homem José
Que veste o manto
O manto da fé.
Aqui nesta terra
De tanto José
Deus nunca se esquece
Do povo que é.
José de Abreu
José Xavier
José das medalhas
Maria José.

MILHARES DE POEMAS

Fiz milhares de poemas
acredito na boa intenção de quase todos
poucos são anômalos
Alguns são verbos divinos
outros são velhos
muitas mulheres
alguns meninos.
São filhos da inquietação com o ócio
anjos híbridos com demônios
Alguns são desesperos
outros silêncios
apenas um é renúncia.

O QUE ME CAUSOU A POESIA

No que tange à poesia
apenas dois poemas
me fizeram chorar.
O primeiro foi,
"Morri pela Beleza"
de Emily Dickson.
O segundo foi
"Faço poesia como quem morre"
de Manuel Bandeira.
Portanto, senhor poeta,
se nunca chegou ao pranto,
lendo ou escrevendo um poema
repense a sua ideia abstrata
do que costuma apregoar
como poesia.
Já escrevi vários poemas
aos prantos, mas estes só eu os reconheço,
ou aquela que é minha
eterna musa.

DE TI, NÃO TENHO NENHUMA LEMBRANÇA

Há mesmo coisas que não se esquecem
como nadar, andar de bicicleta e escrever correto
como há coisas que desejamos esquecer
como a morte de um grande amor
a intensidade de uma dor
como a amputação de um braço.
de ti não tenho nenhuma lembrança
esqueci teu nome
a cor de tua pele
teu sorriso de esfinge
tua boca sinuosa.
memória e razão, duas entidades
que se apartaram do meu corpo
de ti, não tenho nenhuma lembrança
só esperança....
de te esquecer completamente

O MUNDO SÓ EXISTE DEPOIS QUE O CONCEBEMOS

Como será o arco-íris que ninguém viu,
ou a estrada que ninguém passou?
Como saberíamos da vida que não vivemos,
o que seria do amor sem os amantes?
O que seria do poeta sem poesia?
o que seria da beleza sem os olhos do espanto?
o que seria do encantador sem a serpente
ou da ilusão sem o iludido?
como saberíamos da fantasia sem Cervantes
ou que mar existiria sem pescador e marinheiro?
O que seria dos deuses sem Homero,
da história sem o escriba,
do cristão sem a bíblia
... de mim sem o teu amor?

TEU SILÊNCIO FERE MINHA ALMA

Teu silêncio fere minha alma
como estocadas de uma navalha
desisto da vida porque não te ouço
entrego meu corpo ao sepulcro eterno pelo afago
de tua língua, para escutar de longe
em triste cárcere, em sombra, em negro calabouço
ao meu espírito sôfrego ofereço o desânimo
o desespero, a fuga, o medo e a culpa
cansei de nadar contra um rio caudaloso
que a mim a lástima física imputa
ao tolo me curvei, dei a outra face

Ao sábio ofendi, bebi sua cicuta.
não consigo viver sem um disfarce
sem expressar minha ira num sorriso
não posso olhar para meu inferno
e não me refrescar, e não soltar um grito
de espanto, num espasmo de reverência.
e, para apagar a consciência

ANTES DE TI

Sem o teu amor eu nada tinha
era só no mundo, vivia como um cão
uivando à lua, procurando abrigo!

Não notava no mundo, nem as coisas nele
durante o dia o céu era cinzento
apenas interrogações no meu lamento!

As pessoas eram como sombras
não as via, nem as escutava
tudo em minha volta pertencia aos outros
não tinha endereço nem destino
esperança era como miragem
no deserto em que habitei antes de ti!

As estações do ano eu não percebia
ou era outono ou verão constante
mas ao te encontrar descobri
as cores do arco-íris e o som da primavera!

Tua beleza encheu meu universo vazio e escuro
teu amor me fez reviver e descobrir a beleza do mundo.

POETAS SÃO ERVAS DANINHAS

Poetas são como ervas daninhas
em qualquer encosta
em qualquer mar ou porto
em qualquer terra árida
nasce um poeta.

Em qualquer lugar, onde houver injustiça
sofrimento, guerras, fome e desesperança
haverá também um poeta
inventando sonhos, construindo pontes
pintando ilusões com as cores da esperança.

O mundo é injusto com todos os homens
mas com o poeta chega a ser cruel
tira-lhe tudo que se aproveita
depois cospe em seu rosto
e joga as suas cinzas
no mar da eternidade.

COMO SERPENTE

Como serpente
O poeta,
como serpente
sofre metamorfose sazonal
de tempo em tempo
troca a pele,
uma força imensa
lhe impele
e ressurge
do barro criativo
do efêmero comum,
da vida breve
rescreve outro texto
outra vida
reinventa
outro motivo.

COMO SE DEU A VIDA?

Foi a junção do amor com a esperança
forjados de um pensamento divino,
que numa união cósmica
produziram uma explosão atômica
então das trevas surgiu a consciência
e do instinto, antes pó, se fez razão.

A ELIOT

O poeta ressurge das cinzas das horas
do niilismo absurdo, da sombra do mundo,
no fim da aurora.
Canoa virada, naufrágio profundo
do centro do abismo,
sem forma ou lirismo, anuncia o futuro.
Se pensa desiste, monólogo tão triste
enfado e desânimo.
Descansa do verso,
é um santo professo, na prosa frugal
recita Homero, arrisca um refrão
desprezo fatal.
Não bebe mais vinho, não é abstêmio
sempre foi boêmio na noite discreta
amou sua musa, na lua minguante
não foi bom amante,
mas foi bom poeta

O QUE É JUSTO NESTE MUNDO?

Não há justiça no céu nem na terra, a justiça reside no coração do homem, quando este a contempla como a base única e inquestionável de sua verdade como ser mortal, contudo, ainda assim, sendo semelhança de Deus.

Todavia, por não conhecer sua real origem o homem sofre e pratica injustiça, por isso o mundo parece injusto aos seus olhos, mas há uma verdade absoluta que nenhum ato humano pode alterar: o amor, a resignação da alma, por meio do sofrimento, e das experiências vividas, fazem com que ele cresça e se defina como partícula cósmica divina.

O homem é um deus, e como tal deve viver, suportar as provas da carne e atingir os dons do espírito.

FAÇO MAL POESIA

Outrora fiz casas de pedra e pau
hoje faço mal poesia
no mundo já existem muitas casas
muitas pedras e paus
e os homens já se ocupam
em derrubar as casas
em atirar as pedras,
em machucar os outros

ESCREVE

Escrever silêncios,
registrar dias e noites,
tempestades e calmarias
amores e desencontros
descrever o inexprimível.

Concretizar delírios em realidades
apagar sois e esperanças.
Poderia ser Rimbaud
ou Vinicius de Morais
Paul Verlaine ou Neruda
mas sou poeta.

O CANTO DA IRONIA

Onde irei encontrar razão ou motivo,
paixão ou dor para fazer poesia?
Não há mais holocausto nem apartheid...

O romantismo perdeu a sua essência
o amor das mulheres não tem preço
e nas crianças nasce morta a inocência.

Nem a guerra se faz mais por causa justa,
as nações se uniram pela paz
não há grito de socorro nas prisões
inocentes somos todos, isto é verás.

Onde irei em busca de acalanto
se meu canto heroico emudeceu
não há luta nos mares nem fronteiras
a poesia da vida esmoreceu.

.

Um ponto final na poesia,
.....a morte da musa, o grande poema.
.........suspenso na eternidade
.................o silêncio irreprimível,
............entre ecos do acaso...
...........a fuga do poeta...
.....enigma inconfessável

GIOVANNA

Numa manhã fria de maio,
em casa do poeta Evan do Carmo,
nasceu a poesia.

Nasceu à revelia
do poeta e da musa
ruiva de cor e de olhos negros
deram-lhe o nome de felicidade
contudo, poderia se chamar
Giovanna ou Beatriz
nasceu com enfado
nasceu com preguiça,
mas nasceu sorrindo
não como outrora
a Ninfa nasceu feliz,
não nasceu chorando
como a poesia de Hamlet,

E por que isto se deu?

É que a loucura humana
em célebre audiência
encontrara-se à noite com a lucidez
firmaram um acordo solene
e tiveram como prova a consciência
doravante viria ao mundo
apenas filhos saudáveis
pois o mundo se rendera tardiamente
à carência da cultura e à indigência.

FALANDO DE MORTE

Apenas os poetas falam da morte assim tão liberais,
eu já escolhi o dia em que morrerei.

Será em um belo dia de sol, há de fazer bastante calor,
para que o fogo termine brevemente com seu ofício sacramental
queimará meu corpo, mas aprimorará a minha essência
no estado de cinzas, portanto mais leve.

A poesia divina ecoará nos quatro cantos do universo
o pó, que tão frágil se negou ao pó voltar, transmutará em matéria
quântica, em almas tantas, e ao cosmo se unirá.

MÃE

Mãe, eis a causa de tudo
não haveria vida nem mundo
nem filho nem pai
não haveria luz, nem sombra
passado ou futuro
nem semente a nascer
nem um fruto maduro.

Mãe, concepção lírica dos poetas
para se criar o universo
poesia e música, fantasia e verso
natureza viva, a expressão discreta
da ilusão homérica de um mundo concreto...

Mãe, quem supor poderia
que se não fosse por ti
nada mais havia
nem amor nem paixão
nem sorte nem destino
nem velho nem morte
nem homem nem menino.

Mãe, amor superlativo, tu
perdoas sempre qualquer tirania,
vences todo ódio com um gesto meigo
teu abraço terno aquece o coração

DANÇAMOS À BEIRA DO ABISMO

Um homem que dançava em praça pública
foi preso por alguém que não podia ouvir
a canção que embalava os seus sonhos,
era um bailarino que dançava sobre
uma corda que fazia ponte
entre o paraíso e o abismo.

Não se deve calar diante da injustiça,
nem da beleza, assim dizem, santos e poetas.

119

AFETO

Só existe uma forma irreversível de miséria humana,
a completa falta de humanidade é a ausência de afeto
seja este amoroso, romântico ou parental.
Apenas destes seres ocos de divindade devemos ter dó,
por estes devemos ter infinita compaixão e lastima.
Miserável, portanto, é todo homem que não conheceu o amor, são de
fato necessitados, carentes ao extremo deste bem supremo, destes eu
tenho muita pena, e ao mesmo tempo receio mórbido de sua
companhia, pois, ao passo que são miseráveis, são também perigosos e
extremistas radicais.

UM SONHO PERDIDO

"A sensação de perda de tempo é suportável,
Mesmo sendo fato que o relógio não pode esperar por nós, todavia,
Há uma perda irreparável que nenhum mortal pode reverter, é como
quando se tem nas mãos um pássaro colorido e raro, que vem como
que por encantamento ao seu encontro, nos acostumamos com sua
beleza e canto e apertamos tanto em nosso processo de possuir que ele
foge, então ao amanhecer, quando a natureza desperta os racionais
você procura o belo pássaro, a cotovia encantada, e ela não canta, não
vive mais." todo poema é confissão: Quintana

AO MENINO QUE ME FAZ VOLTAR NO TEMPO.

Posso sofrer a relembrar o passado
mas não posso evitar esta viagem
uma árvore não pode florescer nem dar fruto
se não tiver consciência física das suas raízes.

Antes da maturidade poucos homens
têm necessidade de voltar às suas origens
talvez por ingratidão gratuita ou receio
de encontrar sua verdadeira essência.

Vejo chegar, quase que diariamente
reminiscências do que fui, nostalgia cara
que não raro me custam lágrimas
outras vezes parto e poesia.

Assim hoje penso, ninguém pode viver
alheio aos atos e fatos pretéritos
o menino que fui produziu o homem que sou
e este homem não viverá se ignorar suas raízes.

Lá neste passado onde mora o presente
encontro só lembranças luminosas
são referências, seivas que me formaram
proteínas espirituais que ainda me alimentam.

Para Josivaldo Bezerra, o menino que me fez
voltar no tempo.

SEM REFLEXÃO O HOMEM NÃO EVOLUI

O que me faz crer na razão sobre o instinto?
Numa análise instintiva e descuidada, eu diria que são as obras de
artes humanas.

A Nona Sinfonia de Beethoven, Dom Quixote, a Odisséia e a Ilíada de
Homero, o mundo perdido de Proust, Hamlet, a inteligência crítica de
Voltaire.

Mas todo este argumento me cai sobre terra, quando analiso nossos
frutos podres, os das religiões, da política e da guerra.
Somos apenas instinto violento, o mais, a parte boa, são animais
esquizofrênicos.

COMO NERUDA

Quisera eu fazer poesia como Neruda
no entanto, que bandeira ei de erguer
com a minha poesia ativista?

Nas Américas de hoje não há mais luta
nem disputa, nem suor nem sangue
nem cicuta. Sobretudo na América
onde vivo, se respira um ar putrefato
de hipocrisia ideológica,
a América Latina de hoje
é uma latrina de corrupção fisiológica.

Então farei poesia de protesto
contra a falta de honra dos poetas
dos homens públicos e privados
este é o meu último desejo.

Depois do farto banquete
onde a carne, o sangue
e vinho são recíprocos,
tenho a tua língua
amarga como
sobremesa...
na despedida...,,

A IDIOSSINCRASIA DO AMOR

O amor é inexplicável
assim o acreditam, homens e mulheres
que não conseguiram amar nem serem amados.
Os poetas também se enganaram neste respeito
e até hoje tentam descrever o amor que não conheceram
atribuem aos seu arquétipo de afeto invisível, à musa,
toda sua erudição obtusa, incognoscível, para descrever
um amor impossível, contudo, dela se quer ganharam um beijo.

O amor é inconstante, inconsciente
sem passado e sem presente
o amor não se revela nem se esconde
o amor é um mito, é tudo e nada
é sombra e claridade, às vezes escuridão
por vezes é angústia, cárcere, privação.

O amor pode ser destino, para outros, escolha
amores em branco, túmulos de silêncio
porta de engano... o amor é discreto,
não se pronuncia onde não lhe chamam,
pode ser secreto, em seu simples plano
de acorrentar os deuses e de libertar gigantes.

LÍNGUA CONFUSA

Escrever, algo crível,
concreto, possível
meu verbo incompleto,
repleto, um elo falível.

A língua é confusa
semi-mínima, uma fusa
porção dissonante
consoante à musa.

UM SOPRO DE IMORTALIDADE

A função da poesia é:
descomplicar o complicado
explicar o inexplicável,
retratar o irretratável
revelar belezas invisíveis
abrir portas sobre as rochas
dar visão aos cegos incuráveis
conceder raciocínio ao instinto
e sorrir dos amores inrisíveis

Entre tantas façanhas nada críveis
deslindar o segredo do universo
desta forma, aquele que primeiro
encontrou uma caneta resolveu
todo o enigma com um verso
"faça se a luz", em seguida tudo
veio às claras
e o homem se igualou a Deus.

SONETO DO AMOR IMPROVÁVEL

Quando menos se esperava fez-se o riso
do silêncio e da inércia aplauso e canto
e da boca outrora muda em desencanto
um aceno e um convite ao paraíso.

Quem vivia há tempo em desespero
tendo olhos marejados de suplício
castigado com a dor do amor efêmero
incontente, amargurado, entregue ao vício.

Improvável, não mais que improvável
Fez-se alegre e doce, amigo e confidente
de solitário e esquecido, agora amável.

A esperança renasceu sem medo
da insegurança se revelou o segredo
que do amor se espera o improvável.

O QUE SEI DE CAOS?

O que sei de caos?
Quase tudo,
tenho um coração quebrado
e uma alma em farrapos
eu sou humano.
O que sei de caos?
Quase tudo,
pois quem inventou o amor
se esqueceu de avisar
sobre o engano.
O que sei de caos?
Quase tudo,
pois quem inventou a esperança
esqueceu de falar
do desengano.
O que sei de caos?
Quase tudo,
pois quem inventou a fé,
se esqueceu de avisar
do caos humano.
O que sei de caos?
Quase tudo,
tenho um coração quebrado
e uma alma em farrapos
eu sou humano.
O que sei de caos?
Quase tudo, pois que ensinou sobre a paz
se esqueceu de explicar
a razão e a necessidade
da guerra...

A IMPORTÂNCIA DA POESIA

Poderia fazer mil poemas em um dia
como Fernando Pessoa
que escreveu 40 em poucas horas,
em pé, em transe, e depois
disse que não sabia como fez.

Não! Afinal o que são mil poemas
dentro deste vácuo de eternidade?
Fazemos poemas assim como as crianças
fazem bolas de sabão, são instantes de distração
bolhas de ilusão passageiras...

Poesias não são necessárias como são os rios
o pão e vinho, as mulheres e o abrigo.
Poesia é de suma importância
no mundo em que vivem os poetas
num mundo de fantasia, onde reina a paz
e a esperança, um mundo de ilusão
aos olhos do mundo...

ANÁLISE CRÍTICA

A flor maior do mundo
obra original de Saramago
a meu ver, na minha humilde opinião,
pode ser uma releitura
da metáfora do amor do poeta
pela beleza, do poema de Goethe
No "Achado", no poema magistral
do gênio alemão, se arranca a flor bela
e se planta em outro lugar,
o amante da beleza a leva consigo.
Há portanto, o se apropriar
todavia, com algum resquício de moral
pelo fato de preservar a beleza
sobre seus cuidados, reside aí
uma ideia obsessiva de posse
contudo, a beleza produz a cada primavera,
um renovo por tempo indefinido.
Na obra do Nobel português
a flor é achada por uma criança
que ao perceber a flor morrendo
faz uma viagem insalubre de volta para
encontrar água, e ao encontrar
carrega nas mãos, de gota em gota
até salvar a flor, e não se ausenta
do seu posto de guardião da beleza
que representa, como no poema de Goethe
o amor, a esperança, a salvação da humanidade.
Por tudo isso, penso que Saramago supera Goethe
há em Saramago muito mais empatia
e desejo de preservar a beleza
sem contudo apropriar-se dela.

Quando o verbo em mim calar
cessará todo o julgamento do mundo
a consciência do medo se dissipará
e hão de se fechar todos os abismos
então reinará o imponderável silêncio
sobre o discurso da dúvida...

O QUE NÃO SE EXPLICA, CALA-SE

Há poesia em tudo
a poesia está nos olhos
do amante da beleza,
está no vulto de quem anda
pelas sombras do viver.

... a poesia está no vento
no singelo olhar da moça,
que na janela sonha com
o encantado amor
do príncipe ou do plebeu.

a poesia está em ti e em mim
quando choramos e quando
rimos, ela está nas mãos
e nos pés do andarilho.

a poesia quando vem
vem com lágrimas
vem de repente
quando não se espera
e nem se sente...

a poesia tenta nos dizer
o que a lógica e o absurdo
não conseguem...

a poesia quando fala
toda razão cala
e o poeta e o leitor
morrem, silenciam-se!

SE APROXIME DAS CRIANÇAS

"A menos que te tornes outra vez criança não poderás entender os
mistérios de Deus"
Uma paráfrase da essência espiritual do Cristo, ao crescer,
segundo Rousseau, nos tornamos maus, nos afastamos da bondade
nata da qual fomos dotados por Deus ao nascer.
A humildade de uma criança, seu encanto com a vida e com as
coisas simples, sua capacidade de perdoar, tudo isto se perde com o
tempo, então nos embrutecemos com a convivência diária com a
estupidez do mundo e com a injustiça praticada pelo homem em nossa
volta.
Então para voltar ao estado de divindade e inocência requer
aproximação de Deus, isto pode ser feito de modo prático por meio de
uma religião sem hipocrisia.
Todavia, há uma maneira exemplar para se conseguir este
milagre: Se aproxime das crianças, sendo pai, avô, tio ou professor,
imite sua conduta, pratique a humildade e aprenda a dar sem interesse,
aceite as normas da vida, sobretudo da justiça de Deus, observando o
nascer e morrer, as transformações dos seres vivos que compreendem
toda a natureza de Deus. Seja criança outra vez.

O poder da leitura com objetivo: José Saramago, um serralheiro que virou escritor e ganhou um Nobel de Literatura.
Conheço outras histórias tanto quanto interessantes e reais, por exemplo: Um pedreiro que virou filósofo, poeta, editor e jornalista atuante nas questões nacionais.
Leitura com objetivo de crescer e contribuir com a humanidade, eis a nossa função como agentes produtores de livros e de conhecimento.

ARIADNE

Perdoa musa! Mais uma vez cometi
O pecado da presunção...
Achei que podia chegar perto
da divindade e continuar vivendo.
Punas-me, castigues-me com um
suplício mais severo que o abandono...
Usurpei o teu direito ao anonimato...
A tua liberdade...
Desejei um fruto proibido...
Minha poesia perdeu o direito à eternidade...
Morre o poeta, por descobrir
o rosto de um deus, a face da musa.

O QUE ME FASCINA

Fascina-me a inocência, não a das crianças

Que são inocentes por ignorância

Fascina-me o sorriso no rosto de um estranho

A cumprimentar-me em uma estrada desconhecida

Também a boa vontade de homens rudes Daquelas
almas que não perderam o dom De ser verdadeiros...

Do vizinho que empresta sabendo que
Não haverá reciprocidade.
Fascina-me a poesia do pescador, que vai ao mar
E quando volta sem peixes, não se desespera E diz sem
enfado que amanhã o mar lhe será
generoso

Fascina-me a pureza da prostituta, que vende seu corpo para pagar
seus estudos, com intuito de no futuro, se tornar mulher de um
homem só e mãe de muitos filhos

Fascina-me a virilidade do espírito que busca com afinco
alcançar a saída do seu labirinto e viver aqui mesmo na terra,
enquanto fariseus hipócritas guiam homens como cegos, para
um abismo, que eles deram o nome de céu dos humildes.

Fascina-me, sobremodo perceber que homens nobres dedicam
suas vidas para que outros apreendam a enxergar o que há de
bom no mundo e nos livros.

138

NÃO CHEGAREI À INATIVIDADE

Sou um homem
que não conhecerá a velhice.

Não terei paciência para conviver com a
passividade senil.

Tenho um organismo fraco que foi derrotado pelo
estudo das artes sobretudo pela filosofia...

Meu modo estranho de vida não esperará a
morte natural.

É O CASAMENTO DO AMOR COM A POESIA

Várias coisas me conectam ao divino
a música de Wagner, meus filhos,
Giovanna, a cozinha, a poesia e vinho...

A beleza, o silêncio e o vento
a paz entre os homens
e o pensamento.

Mas é a mulher que amo
que mais me eleva e me transforma
de um simples mortal em uma deidade.

É ela que me tira do anonimato
para a eternidade, e este milagre
só é possível a quem conhece o amor
em sua essência e plenitude...

Não só os poetas são imortais
enquanto vivem... os deuses
só são eternos quando amam."

TUDO É VÃO SEM CAFÉ E COMPANHIA

Tudo é vão neste mundo
tudo é sem importância
tudo é vaidade e decadência
tudo é vago e incompleto
Tudo é frágil e efêmero
tudo é renovável, substituível,
tudo é engano e contradição
tudo é fútil e inútil.

Tudo sendo assim, caos e decadência
não me contrario nem me desespero
pois ainda tenho fé e confiança
que duas coisas ainda me socorrem
quando me espanto ou tenho medo

Tudo é vão, sem importância
menos o café pela manhã
em a tua companhia
tudo é vão e incompleto
menos o cheiro que deixas
em nossa cama todo dia.

ETERNIDADE

Justiça e beleza
não se inventa,
uma se pratica
outra se contempla

assim o amor e a dor
por estranho caminho
andam de mãos dadas
mas de lábios cerrados

o amor, embora doce
tem seu cravo-espinho
sendo a dor um delírio mortal
um castigo divino

no final da jornada
se reconhecem como irmãs
a beleza e a verdade
filhas da mesma essência
dão luz à eternidade.

QUEM ME DERA

quem me dera, amor,
que todo amanhecer fosse eterno.
quem me dera, amor,
que toda noite fosse uma breve parada
para um café, uma pausa para descanso
do corpo e dos olhos,
nesta magnifica viagem
que é a nossa existência.
é sempre nas manhãs,
quando te aconchegas nos meus braços
que minha mente imperfeita evoca a eternidade.
quem me dera amor, quem me dera,
que tudo isto não fosse um sonho
uma ilusão efêmera, de um coração
apaixonado!
quem me dera amor,
quem me dera.

"Só a beleza é capaz de explicar o sentido da vida, o resto são doutrinas e retóricas..."

Evan do Carmo

"No fundo dos olhos
mora um abismo
que a alma atrai
viril e otimista
não há segredo
que afugente
o encantamento
da segunda vista..."

ENFRAQUECIMENTO MÓRBIDO

Aquilo que muitas vezes nos assalta, e sem explicação nos coloca num estado melancólico imprevisto e improvável; se nos perguntassem do que se trata, diríamos se tratar de uma solidão extrema.

Na verdade, são reflexos de meditação inconsciente, que às vezes se dá durante um período sonolento do dia ou na simples contemplação do horizonte, meditação esta que nos revela o quanto nos distanciamos das coisas simples.

É de fato um tipo de solidão irreparável, pois constatamos, ao sair deste estado de langor, (Enfraquecimento mórbido) que não há mais como voltar ao passado, nem ao ponto da nossa lastimável ignorância, quando ainda vivíamos sossegado no meio da multidão.

CONVERSANDO COM DEUS

É possível conversar com Deus, posto que o homem é, assim como Deus feito de uma mesma essência.

Sem evocar nenhuma doutrina nórdica ou cristã. O homem tem falado com Deus de muitas maneiras.

Tudo que a humanidade produziu no campo da medicina, e das ciências humanas, até nas artes e na poesia, tudo foi por inspiração divina, mesmo que muitos destes homens, por ignorância ou arrogância não tenham admitido.

Deus é a completude de todas as virtudes humanas.

"Como um doente terminal desmemoriado, todo ser humano deve escrever um livro de memória, para relembrar quem somos, pois o mundo que nos cerca nos impõe outra realidade, com estupidez brutal, a de que só valemos os tostões furados que carregarmos nos bolsos... Viva a liberdade e a anarquia poética, estamos no topo da república de Platão."

— Evan Do Carmo

A EPÍGRAFE DE TODA SABEDORIA

A epígrafe de toda sabedoria humana deve ser: "Conhece a ti mesmo," não dentro de um raciocínio pré-socrático ou neoplatônico. Contudo, como criatura pensante, dentro da vastidão abismal do cosmo.

Portanto procuras saber o tamanho da tua mediocridade vaidosa, ante o universo assombroso que ainda se expande para um fim apoteótico, sem plateia, dentro caos.

A inteligência emocional deve construir pontes sobre o nada, para se suportar a vida sem causas ou objetivos, mas a razão e a lógica devem destruir mitos e ilusões, que não são necessários para uma vida otimista e produtiva.

Catarse

Evan do Carmo

2017

EDITORA DO CARMO

editoradocarmo@gmail.com

www.editoradocarmo.com

www.ingramcontent.com/pod-product-compliance
Lightning Source LLC
Chambersburg PA
CBHW052011090426
42741CB00008B/1639